MW01644585

¿Quién soy?

¿Quién soy?

1a edición, 2023 | Editorial Shanti Nilaya®
Diseño editorial: Editorial Shanti Nilaya®
Ilustración de portada: Emilia Schettino

ISBN | 978-1-961809-67-3
eBook ISBN | 978-1-961809-68-0

editorial.shantinilaya.life

¿Quién soy?

Una guía práctica para regresar al origen y encontrar la serenidad

MARCELA PALMA CALVILLO

Este libro está dedicado al hombre más bondadoso y generoso que he tenido la fortuna de conocer, el que me tomó de la mano cuando me sentía perdida y sin guía: hombre sabio que cambió mi vida y me sacó de la oscuridad para encontrar la luz. No mencionaré su nombre, pero él sabe quién es. Gracias infinitas.
Gracias, hombre mágico.

Gracias, a mi pareja, que me ha acompañado durante todos estos años con paciencia y amor en mi proceso espiritual.
Gerardo, sin ti, esto no hubiera sido posible.
A mis hijos Maria Fernanda y Gerardo,que vivieron con esta mamá diferente, respetando mis prácticas y mis tiempos.
A mi familia, que me empujó a seguir adelante y no parar aun en los momentos más difíciles.
¡Nos amo!

PRÓLOGO

Este libro es una guía práctica para regresar al origen y encontrar la serenidad. Consigue de una forma sencilla y práctica encaminarnos para tener una vida en paz. ¿Cómo lo logra? Pues a través de las vivencias y el crecimiento espiritual de la autora, quien nos va llevando de la mano para poder eliminar los miedos, atavismos y creencias erróneas que lo único que consiguen es que nuestra vida sea un torbellino de emociones que nos conduce a tener una existencia poco armónica y llena de frustraciones.

Sabemos que la euforia y la tristeza son estados alterados; por eso, la serenidad es lo que debemos buscar. De esa manera, todo aquello que enfrentamos con miedo, duda o poca certeza podremos abordarlo desde otra perspectiva, una llena de armonía, luz y certeza.

A lo largo de este libro, encontrarás todo lo que necesitas para poder transitar esta existencia con mayor ligereza. Los ejercicios que ofrece son indudablemente un tesoro cuya práctica nos conducirá a un mejor puerto, un lugar a donde llegaremos ligeros, libres y seguros de que esta vida es en verdad una gran oportunidad para realizarnos en todos aspectos de una forma positiva y grata

Bien dice el refrán: "Cada quien es arquitecto de su propio destino". Lo que pasa es que a lo largo de nuestra existencia vamos aprendiendo, archivando y fijando ideas erróneas de cómo debemos ser y cómo debemos comportarnos ante las circunstancias que se nos presentan.

Este libro viene a derrumbar todo aquello que hemos aprendido erróneamente y nos ofrece una alternativa eficaz y clara de qué podemos hacer para cambiar todo aquello que nos lleva a no estar en la maravillosa serenidad.

Te invito a que lo leas y vuelvas a leer. Cada palabra y cada idea plasmadas serán la base de un cambio positivo y radical en tu existencia.

¿Quién Soy? Una guía práctica para regresar al origen y encontrar la serenidad es sin lugar a dudas una herramienta maravillosa para transformarte en lo que en verdad siempre has querido ser.

Recomendación importante: Esta obra no es de una sola lectura. Debe convertirse, si quieres tener éxito, en un material de consulta al que debes volver cada vez que sea necesario.

Sé bienvenido a este tesoro y destruye el pasado que te aqueja. Sé Bienvenido a un futuro lleno de tu verdadera esencia y de tu auténtico yo.

Horacio Villalobos

INTRODUCCIÓN

Era el año 2020, veníamos terminando una pandemia.

Comenzábamos a salir poco a poco de nuestros hogares y a regresar a nuestras rutinas.

Caminaba hacia mi coche cuando algo me frenó.

Una voz me susurró: "Todo lo que viene es para tu bien".

En ese momento, no comprendí lo que esa voz quería decirme. Vengo escuchándola desde hace unos quince años.

Siempre es tan clara y sus indicaciones tan precisas. La he utilizado con gran ayuda en mis prácticas terapéuticas, con todas las personas que acuden a terapia conmigo.

¿Qué o quién es esa voz?

Hoy comprendo que es esa parte mía conectada al lado sutil que comenzó a guiar mi vida desde que empecé a avanzar en las prácticas descritas más adelante.

Esa voz emergió poco a poco guiando mi vida. Todo lo que había escuchado de ella era tan asertivo que cuando me susurró esa mañana decidí escuchar.

¿A qué se refería?

¿Qué era eso que iba a ocurrir?

Unas horas más tarde, lo supe, cuando súbitamente mi cuerpo se paralizó y dejó de moverse de un lado.

El terror comenzó a invadirme. El ruido de mi mente no frenaba. Mi voz interna gritaba: "Pide ayuda ahora".

Así lo hice. Mi pareja fue a mi lado. "Acuéstame", le dije.

"Algo me está ocurriendo. Estoy muriendo", agregué.

Sentía cómo la energía vital de mi cuerpo me abandonaba y que no podía sostenerme en pie.

Rápidamente me acostó en una cama. Mi cuerpo seguía la mitad paralizado. Esto aumentaba mi terror.

"Llama a mi maestro", grité.

Llevaba aproximadamente quince años siendo guiada por un hombre mágico, único, completo, sabio y lleno de energía y vitalidad; iniciado en enseñanzas sabias ancestrales.

Yo tenía el gran privilegio de ser guiada y entrenada por él.

Me referiré a él simplemente como "el hombre mágico".

Mi esposo hizo lo que le pedí: lo llamó de inmediato. Yo gritaba, y él dijo con calma y serenidad: "¿Qué pasa?".

"Algo terrible me está sucediendo", contesté.

"¡Cálmate! ¡Serénate!".

"No puedo —contesté—. Siento que estoy muriendo".

Yo seguí llorando aterrorizada. Me sentía atrapada en un cuerpo que no me respondía. En ese momento, tuve mi primera gran revelación.

"¡Yo no soy este cuerpo! Sólo habito un cuerpo. Pero al desidentificarme de este, tomo poder sobre mí. Quitando la creencia de que soy un cuerpo, evito que el cuerpo me maneje. Él no es el jefe. El jefe soy yo".

En algún momento en la infancia, mis padres me enseñaron que yo era el cuerpo que habitaba. Esa fue la primera gran mentira. Entonces le empecé a dar gran importancia al cuerpo. Me confundí, caí en un sueño tan grande que pensé que el cuerpo era yo.

Hoy es el momento de reclamar mi poder sobre él de regreso: no dejar que el cuerpo maneje mi destino. El capitán de mi vida soy yo: déjaselo saber al cuerpo.

¿Cómo?

Cuando te diga cosas como "no hay que movernos" o "qué flojera", tú dile con fuerza: "¡No mandas tú! ¡Yo estoy a cargo!". Te paras y te mueves para que con tus actos el cuerpo comprenda quién está a cargo.

Esa es la primera mentira que debes quitar.

El hombre sabio tomó el mando con una gran firmeza y ordenó:

"¡Para ya! Deja de exagerar. Respira".

Él seguía comandando con fuerza y firmeza.

"Para. Deja de exagerar. No eres tu mamá". Lo repitió varias veces: "Deja de exagerar. No eres tu mamá".

"Párate y muévete".

Llevaba, como ya expliqué, quince años dedicada a recuperar la energía que había tirado en el transcurso de mi vida en mi gran ignorancia. Quince años recapitulando mi vida de la mano de este hombre mágico, lo cual me preparó para ese momento.

"Deja de exagerar —repitió con fuerza—. Recuerda: No eres tu madre, tienes dentro de ti todo para moverte y pararte de esa cama ya".

Tomé toda esa energía recuperada en todos esos años anteriores, y una fuerza que salió de algún lado le dijo a mi cuerpo: "Muévete ahora". Esa gran fuerza llenó mi cuerpo. Aún no me explico cómo me pude levantar de esa cama. Entre el miedo y el comando del hombre mágico, le ordené a mi cuerpo que se moviera, y mi cuerpo obedeció, y llegué caminando a un coche, para ser trasladada a un hospital, al cual entré todavía moviéndome y hablando.

Rápidamente fui ingresada a estudios que demostraban que había tenido tres infartos cerebrales, por lo que haber llegado caminando al consultorio era inexplicable para los médicos.

Pero muy explicable para mí.

Estaba cayendo rápidamente al exagerar la emoción perdiendo mi energía vital rápidamente. El comando que dio el hombre mágico con una gran fuerza metió lo que yo llamo "una fuerza de choque" para evitar una tragedia.

El recordarme la verdad: NO ERES TU MAMÁ me ayudó a salirme de los hábitos de mi pasado, dejar la costumbre de víctima y drama de mi linaje; de esa manera, regresaría a mi presente. Lo cual me devolvió a la verdad y me sacó de la mentira que estaba actuando.

Pude de esa manera parar el drama desbocado y hacer una pausa. Una energía inexplicable de vida llenó mi cuerpo. Y se hizo el milagro.

Hoy tengo todas mis facultades y tengo una vida normal: cambié mi destino.

¿Cómo lo hice? La respuesta está en este libro.

Algunos meses después, ya recuperada emocionalmente de todo lo vivido, esa voz volvió a hacerse presente:

"Toma una pluma y escribe".

Es lo que hice: escribir lo que me decía en agradecimiento de lo vivido y lo recibido.

Deseo que la siguiente lectura y práctica sean de ayuda y toquen el corazón de quien deban tocar.

El comando fue dado y aquí entrego lo dictado para que sirva a quien le deba servir.

Yo ya aprendí a seguir las instrucciones sin cuestionar por qué o para qué.

Este es el regalo que la vida me otorgó y lo comparto con quien tenga oídos para escuchar y la voluntad para caminar.

MARCELA

Te comparto mi historia...Todo empieza cuando un día despierto y veo a mi alrededor.
Todo es igual al día anterior.
Es igual que hace un año.

NADA CAMBIA.

Los mismos ruidos, las mismas emociones. Mis padres están vestidos de la misma manera.

Es verdad que toda mi vida va a transcurrir igual.
¿Cada día igual al anterior?

UN DÍA IGUAL QUE EL OTRO.

Todo se repite.

Alto. No. Debe haber otra manera, algo diferente; un pequeño impulso me llena. No me puedo quedar aquí sentada viendo mi vida pasar igual a la de mis padres. ¡Me observo aterrada! ¡Me estoy convirtiendo en ellos! Esta emoción de aburrimiento me estanca, me desespera, me entristece. Miro a mi alrededor. Observo a mis padres hablando de lo mismo, con sus mismos miedos, sus mismas discusiones, sus misma pláticas del día anterior, inventándose cosas para seguir sufriendo. Se visten igual. Comen lo mismo. Discuten lo mismo. Quieren hacer lo mismo. NO, no puede ser. Si esto no cambia, tengo que CAMBIAR YO.

Reflexiono: "Si me convierto en ellos, tendré su misma vida; eso nunca".

Ese miedo a convertirme en ellos me desestanca. Me atrevo a pararme. Abro la puerta. No miro atrás: salgo y cierro. Salgo a buscar no sé qué, pero sé que cualquier otra cosa debe ser mejor que esto.

Camino sin rumbo, no sé a dónde. Nunca me dijeron que habría otra forma de vivir, otra forma de actuar o de sentir. Pero YO SÉ que sí la hay. Sólo camino. No sé qué esperar. Algo me jala, me impulsa a seguir andando. Lo más increíble que he hecho: buscar sin saber qué buscar.

Observo a mi alrededor. Se burlan de mi locura, de mi búsqueda sin fin y sin meta. Finalmente, después de recorrer un largo camino, observo una escalera.

Algo me impulsa a comenzar a subir.

¿A dónde me lleva? ¿Y si no es segura? ¿Y SI NO LA PUEDO SUBIR? Algo dentro de mí me dice: "No hay opción, tu vida aburrida y repetitiva o lo nuevo". Esta reflexión me anima a avanzar sin dudas. Cualquier cosa, antes de regresar a mi antigua vida.

Comienzo a subir.

Paro y miro. Hay alguien unos escalones arriba de mí; me mira con cariño y me anima a subir. Le pregunto: "¿Quién eres? ¿A dónde vas?". "No importa quién soy —contesta—. Lo que importa es que comencé a subir antes que tú". Su mirada me tranquiliza. Parece en su tono de voz que sabe lo que está haciendo. Su mirada es serena y llena de paz. Su voz me colma de seguridad y confianza. Me continúa animando. "Sube, yo te puedo enseñar cómo y qué hacer si te atoras; sólo escucha mi voz y sigue mis instrucciones".

"¿Quién eres?", vuelvo a preguntar. "Sólo un buscador igual que tú", me contesta. Me lleno de certeza y paz.

Decido seguir adelante y escuchar su voz.

Avanzo mi primer escalón.

Me mira y su voz dulce y amorosa me pregunta: "¿Cómo vas?". "Extraño mi casa", contesto. "Estás llena de hábitos y de ideas falsas —añade—. Déjalas ir, es la única manera de seguir subiendo".

"¿Cómo lo hago?".

"Guarda silencio. Pasa frente a ti toda la película de tu vida, ve observando cada idea y hábito de tus ancestros, y exhala una a una mientras vas repitiendo en silencio 'NO ES MÍO'".

"Exhala todo, no te quedes con uno solo".

"Son de la vida que estás dejando. No puedes llevar a lo nuevo lo viejo".

"Tienes que dejar todo; sólo son recuerdos, memorias de un pasado que hoy no está ocurriendo. No te traigas ni un solo hábito, idea o creencia de tu pasado".

"Sólo deja que lleguen y déjalas ir con inhalaciones y exhalaciones profundas. Son memorias de las personas que estás dejando".

"Recuerdos de esas personas en las que no te querías convertir".

Una luz me llena, me inunda y digo: "¡Claro! Decido seguir adelante".

"Mientras más memorias, ideas y creencias dejo, más ligera y fuerte me siento".

"Como si fuera dándome cuenta de que me puedo convertir en alguien nuevo y diferente".

Sigo avanzando.

Un escalón más.

Escucho la voz de mis padres, que me miran con dolor.

"No nos dejes; somos tu familia. Regresa. Es peligroso, es desconocido. Te extrañaremos. Debemos estar siempre juntos".

Comienzo a dudar. Me lleno de dolor de dejar a mis padres.

El hombre mágico me mira y me grita: "Ni lo pienses, ya saliste de ahí, no mires atrás".

"¡Pero son mis padres!".

Me responde: "Mira, la verdad ya no eres una niña, ya no tienes ni la edad ni el cuerpo para jugar al niño chiquito. El rol de hijo y padres terminó".

"Comprende, ningún rol es para siempre. Todo comienza y todo termina. Los roles no son eternos. Tu rol de hijo ha terminado. Observa: ya no eres un niño. El rol de padre también terminó para ellos. Es momento de decir 'adiós'".

"Quita esa cara de dolor y mira la verdad. Eres un adulto fuerte. Mira tu cuerpo y repite: 'Soy un adulto fuerte y libre'".

Me da unos minutos para reflexionar sobre esta gran verdad y me pregunta:

"¿Quieres regresar?".

"De acuerdo, pero te encerrarías en una jaula que ya conoces", contestó el hombre mágico.

"No, no regresaré".

"La decisión está tomada. ¿Cómo le hago?", le pregunto.

"Sólo mira la verdad —me responde—. Fueron tus papás cuando eras chiquito, pero hoy ya no eres chiquito, por lo tanto el rol de padre y niño se acabó; es momento de tomar una decisión definitiva: avanzar como un adulto. O te quedas aquí en lo seguro, en lo conocido viviendo lo mismo toda tu vida o te comportas como un adulto".

Elegí comportarme como un adulto, soltar y subir un escalón más.

"Es tu decisión; si regresas, no pasa nada. Yo seguiré adelante, pero si quieres avanzar conmigo, tendrás que tomar una decisión ya. Despídete de tu pasado suelta y camina".

Una fuerza se apoderó de mí y decidí seguir adelante. Me despedí. Sentí una punzada de dolor y culpa, pero mi deseo de no regresar a lo mismo era mayor. Tenía que avanzar, convertirme en alguien mejor, diferente a todo mi linaje.

Después de tomar la decisión, me sentí más ligera y pude SUBIR OTRO ESCALÓN.

"Hey, tú. —Él me miró con ternura—. Entonces decidiste venir". Me sonrió.

"¿Te puedo preguntar tu nombre?", cuestioné.

Me sonrió de regreso.

"Mi nombre es lo que menos importa —respondió—. El nombre es algo que mis padres me pusieron porque me tuvieron que llamar de alguna manera. El nombre no es importante, no es lo que eres, no te define, no te identifiques con él. No has entendido que no eres lo que te dijeron que eres. Eres más que un nombre, ni siquiera eres el cuerpo que crees que eres. Si quieres viajar ligero, tienes que dejar atrás todo lo que te dijeron que eres, la manera en que te defines. A donde vamos no puedes llegar cargado de ideas ajenas que pesan y no te dejarán subir.

"¿Cómo le hago?", pregunté.

"Piensa en todo lo que crees que eres y repite: 'Esa no soy yo'".

"Tómate tu tiempo para hacerlo".

"Es importante que subas vacío. Siéntate. Respira y escribe todo lo que crees que eres y regrésaselo a quien te lo dijo mientras repites: 'Ese no soy yo'".

"Hazlo despacio. La prisa es tu peor enemigo".

Una vez terminada esta práctica, me sentí mucho mejor, todavía más ligera y pude subir otro escalón más.

"Para, no puedo más —le dije—, necesito descansar".

Sonrió y me miró: "No podemos ni debemos parar —contestó—. Deja de quejarte. Tendremos que esperar a que pare tu queja". Y luego dijo: "La queja quita más energía de la que te imaginas. Mientras te quejes de todo no podrás llegar a la cumbre".

"Sólo unos minutos", por favor.

Me miró: "No entiendes. No hay tiempo que perder. Es absurdo sentarnos a quejarnos. La queja es un hábito que también debiste dejar. ¿No dijiste que detestabas eso en tus padres? ¿Por qué insistes en repetirlos? —me dijo—. Déjalos ir ya. Dejarlos ir es dejar de repetir sus emociones y comportamientos destructivos. Soltar a tus padres es soltar sus actitudes destructivas, como la queja".

"¿Me podrías repetir cómo hacerlo?".

"Con gusto", contestó.

"Pasa toda la película de tu vida mientras observas cuántas veces escuchaste a tus padres quejándose de algo, y nuevamente inhala y exhala mientras repites: 'Eso no es mío'".

"Ahora, observa tu vida".

"¿Cuántas veces te has quejado de algo?"

Con una cara llena de asombro, comenté: "Para, para. Qué susto, me estoy convirtiendo en ellos, me quejo igual que lo hacían ellos".

"Lo importante es DARTE CUENTA de que los estás imitando. Eso es conocerte. Eso te dará poder para actuar diferente y responder de distinta manera a como lo hacían ellos ante las diferentes circunstancias de la vida. Sólo podrás hacerlo si te conoces profundamente".

"¿Entonces no se heredan?".

"Esas son de las primeras mentiras que te dijeron para que te identificaras con ellas. No, las emociones no se heredan, se aprenden, se copian, se imitan. Entiende —me dijo—, tú no naciste así, tú elegiste copiarlos para que te miraran, te quisieran, te protegieran, te hicieran sentir aceptada e importante para ellos. Creías que te amarían y te aceptarían más si te parecías a ellos. Y por tu necesidad de aceptación te fuiste convirtiendo en ellos. Es momento de dejar tu necesidad de ser importante para ellos, si quieres vivir algo diferente".

Lo miré con miedo y expectativa; no sabía a dónde me llevaría.

Como si leyera mis pensamientos, me dijo: "Si ya te arrepentiste, te entiendo: puedes regresar; pero si quieres seguir adelante, tienes que dejar tus antiguos patrones de queja y víctima".

"Sigamos", agregó.

"Reflexiona", indicó.

"Cualquier esfuerzo vale la pena antes que regresar a la vida de tu pasado".

El cansancio desapareció inmediatamente ante esa reflexión, y una fuerza llenó mi cuerpo. Estaba lista, feliz y decidida a avanzar y dejar todo lo conocido, a moverme hacia una vida desconocida y diferente. Me llenaba de gozo y esperanza. Estaba decidida a seguir adelante.

Nos sentamos por unos instantes y reflexioné: "Por qué querría llevarme a las memorias y recuerdos de algo que ya no era mi vida a mi nueva vida. Por qué querría seguir con las ideas de algo que no quería vivir y que no había dado resultado".

"¿Qué estaba pasando conmigo?",

"¿Por qué no me había dado cuenta antes?".

Mis padres estaban defendiendo ideas que no les funcionaron, y yo ya estaba haciendo lo mismo.

Primero que nada, llegué a creer que eran mis ideas, y así las defendía.

Nunca me cuestionaba lo que me decían.

Me creí todo lo que me dijeron como si fuera una gran verdad.

Cómo no iba a creerles, eran mis padres. Tomé todo lo que me dijeron como una verdad y lo hice mío. Era una niña chiquita, no tenía alternativa. Hoy que soy una adulta, debo cuestionarme todo lo que me dijeron, para saber quién soy, qué es verdad y qué es mentira. Con esta reflexión me sentí más ligera.

"Estoy lista. ¿Te puedo llamar 'maestro'?".

"Yo no soy maestro de nadie".

"Es que siempre me estás enseñando tantas cosas".

"No soy tu maestro —contestó—; no soy nadie. Ya me quité las etiquetas. Ya te dije: simplemente comencé a subir antes que tú, solamente te mando señales para que elijas qué hacer".

"Si tú lo logras y encuentras el cómo, evolucionas, te empoderas y tu paso se acelera. Si te digo cómo hacerlo, me acabo convirtiendo en tu papá diciéndote cómo hacerlo, y vuelves a ser un niño. Tú decidiste dejar de serlo".

"Yo sólo te guío. A veces lo haré en silencio, y tú irás decidiendo sola cómo ir soltando y dejando atrás. Sólo de esa manera dejarás de ser la niña de papi y mami: te convertirás en un adulto fuerte y libre".

"¿Qué significa la libertad?", pregunté.

"Lo irás comprendiendo mientras avanzamos".

"El miedo también es algo que te enseñaron a sentir".

"Hablaremos de él más tarde, te enseñaré una de las prácticas más importantes para tu libertad y felicidad.

"Le llamaremos vaciando la BLACK BOX ("BB"). Consigue una caja, de preferencia negra. A esta la llamaremos la BB. En ella, guardamos todas las ideas, creencias, comportamientos e historias de nuestros padres".

"Compra tarjetas que puedan caber en esta BB. Ahora divídela en diferentes grupos. En un grupo vas a escribir cada idea, creencia de tus padres: sobre lo que se platicaban, sobre el dinero. En otra, escribirás sobre la salud. En otra, sobre relaciones, religión, sexo, matrimonio y relaciones de pareja; la muerte, la vida en general; miedo, creencias sobre el hombre y sobre la mujer…; sobre cada tema que te vaya viniendo".

"Conforme vayas avanzando en esta práctica podrás aumentar más temas y tarjetas".

"No olvides escribir en tus tarjetas sobre los comportamientos y cómo te enseñaron a responder emocionalmente tus papás ante cada uno de estos temas. Vas a llenar esta BB con las tarjetas de diferentes temas. Ahora toma esta caja en tus manos y hazte consciente de que todo su contenido generará tu manera de interpretar la vida y, por lo tanto, tu destino".

"¡¡¡Uuuffff!!! —externé—. Pero son miles. Lo puedo hacer sólo con la mente o mis pensamientos".

"¡Absolutamente no!", contestó.

"Es de suma importancia que sea por escrito. Ahora reflexiona: esta caja que tienes en tus manos generará tu realidad, tu vida y tus experiencias".

"Te pondré un ejemplo: si estás en una relación de pareja y tienes una discusión o desafío, lo que harás será consultar en esa BB qué tienes que sentir e interpretar, y actuar en ese evento".

"NO —contesté, no puede ser".

"Lo mismo harás con todos los eventos y desafíos que tengas en tu vida, siempre consultarás tu BB. Ni siquiera imaginarás que hay otra forma de actuar, responder y sentir".

"Te vas dando cuenta ahora que mientras no purifiques la BB, no tendrás el libre albedrío sobre tu vida".

"Como te vas dando cuenta, ni tus opiniones son tuyas ni las emociones con las que respondes son tuyas".

"¿Entonces quién soy?".

"La BB condicionará tu vida y la de las personas que te rodean siempre".

"Qué vida tan loca", apunté.

"Es como si cada vez que me junto con alguien, todos llegan con su BB".

"Así es, un mundo de locura".

"Imagina que quieres tener una relación. Date cuenta de que esa persona llegará con su BB; y tú, con la tuya".

"Cada quien aportará su BB a su relación. En realidad, no estás con esa persona, estás con ella y todo el contenido de su BB".

"Ahora entiendo por qué las relaciones no funcionan y por qué los resultados serán los mismos que obtuvieron sus padres".

"Mientras más actuamos con la información de la BB, más nos convertimos en nuestros padres y nos olvidamos de quien realmente somos".

"Si te casas con esa persona, te estarás uniendo a ella y a toda su historia personal contenida en esa BB".

De ahí que la clave de tener relaciones felices es vaciar la BB.

"Tu plática interior, lo que llamamos ruido mental, es todo el contenido de esta BB".

"Las pláticas con todas tus relaciones son puras interpretaciones desde la BB de cada uno".

"Qué locura —señalé—. Es como si estuviera platicando con los antepasados de cada persona que voy conociendo. Realmente nunca estoy hablando con ellos".

"Exacto —mencionó—. Buena chica, vas comprendiendo la importancia de dedicar tu vida a analizar y trasmutar la información de esa BB".

"Como te das cuenta, todos vivimos en una gran confusión, hablando, pensando e interpretando desde las ideas de pasado; de esa manera, nunca podremos vivir desde la verdad y en el presente".

"Sólo quien ha vaciado su BB podrá ver la verdad de lo que hay afuera e interpretar la vida desde la verdad y responder a los eventos desde una emoción diferente".

Me senté y reí durante varios minutos.

"Todos estamos viviendo como en una broma —expresé—, defendiendo las ideas de nuestros antepasados, y ellos, en su gran mayoría, ya ni existen".

"Vivimos nuestras vidas pensando y sintiendo lo que gente que hoy no existe y que en su gran mayoría está muerta y que no conocimos. Seguimos pensando y sintiendo como ellos. Qué absurdo".

Reí sin parar.

"Y nadie se da cuenta de esto", puntualizó el hombre mágico.

"Defienden sus ideas como si fueran de ellos, como si estuviéramos dormidos, hipnotizados".

"Exactamente", intervino mi guía.

"Si quieres despertar de este sueño profundo, que a veces tú conviertes en una terrible pesadilla, hacer esta práctica es lo único que importa. Si en realidad quieres liberarte de tu pasado y vivir, decidir e interpretar y sentir desde quien realmente eres, esta práctica te liberará".

"Te daré algunas recomendaciones. Pon esta BB frente a ti en donde puedas verla, de esta manera te recordarás todos los días de purificarla un poco más".

"Es pesada, está llena de basura y mentiras".

"Comienza ya", me dijo.

"Pero me llevará años".

"Eso es lo que menos importa".

"Quizá después de esta plática te has dado cuenta de que es tu único propósito en la vida transmutar el contenido de la BB para salirte de las repeticiones".

"No importa el tiempo que te lleve, irás cambiando día a día tu forma de ver el mundo, de interpretarlo, y, por lo tanto, tu manera de sentir".

"Comenzarás a conocer el gozo y la paz".

"Pero ¿podrías repetirme qué hago con cada tarjeta?".

"Quiero comenzar ya".

"Te explicaré de nuevo".

"Respira profundamente. Relaja todo tu cuerpo. Saca una tarjeta. Con tu imaginación, trae a la persona que te enseñó la creencia frente a ti y entrégale esa tarjeta; dile: 'Esto no es mío; tómalo de regreso. No me sirve, me estorba'".

"'A partir de este momento, YO (repite tu nombre con fuerza) ELIJO PENSAR Y SENTIR QUE...'. Dilo con fuerza para que esta nueva elección se sienta en cada célula de tu cuerpo. Si así lo sientes, ponte de pie, abre tus brazos y exprésalo en voz alta, con una gran decisión, emoción y determinación".

"De esa manera, transmutarás la idea del pasado por una nueva idea presente elegida por ti".

"Ejemplo: 'Estoy trabajando con una tarjeta de relación y me di cuenta de que mis padres tenían relaciones conflictivas siempre, y eso se quedó en mí como una creencia que al irla repitiendo una y otra vez la hice mi realidad, a tal grado que comencé a repetirla una y otra vez'".

"'Miro la tarjeta en mis manos, traigo frente a mí mentalmente a las personas que me enseñaron este comportamiento y les entrego la tarjeta: «Esto no es mío. No lo quiero. No me pertenece»'".

"'Me pongo en pie con fuerza y determinación y repito fuerte: «A partir de hoy, yo (mi nombre) elijo vivir relaciones amorosas y armoniosas»'".

La clave está en sentir la emoción para que esta se grabe.

"'Por lo tanto, voy a sentir cómo la emoción de esta nueva verdad que quiero vivir llena mi cuerpo'".

"'Yo elijo tener relaciones amorosas y armoniosas toda mi vida. Sonríe mientras sientes que estás aceptando y viviendo esta nueva verdad. Abrázate y sonríe'".

"Gracias. Ahora ya lo entiendo".

"Ahora ya comprendes que tu BB genera tu vida y tus comportamientos y tus deseos".

"¿Me estás diciendo que la vida de mis padres fue la vida de su BB?".

"¡Qué tristeza! Desperdiciaron su vida. Nunca vivieron su propia vida. Vivieron la vida de sus antepasados. Creyendo que vivieron su propia vida, nunca se dieron cuenta".

"Cierto. Es una tristeza ver la vida de todos los seres humanos que pasa frente a ellos, como dijiste, desperdiciada, viviendo la vida de alguien más".

"No desperdicies tu tiempo y energía sintiendo lástima por la vida de los demás. Tú hoy tienes la oportunidad de cambiar tu destino. Tu valentía y decisión de no vivir así te han traído hasta acá".

"Aprovecha este gran regalo y ponte a hacer tu práctica ya, es lo único que vale la pena. Un día lo entenderás. Si no lo haces, ya sabes lo que sucederá en tu vida, ya sabes el resultado: lo tienes en tus manos en este momento en tu BB. Sólo tú puedes cambiar el contenido. Nadie podrá hacerlo por ti".

"Porque sólo tú sabes lo que hay dentro de ella. Ahora comprendes algo nuevo: no puedes ayudar a nadie".

"Cada quien es responsable de cambiar su BB; mientras no lo hagan, nada cambiará. No cargues a nadie. No cuides a nadie. Todos somos responsables de lo que está sucediendo en nuestra vida".

"Este es el camino de la responsabilidad. No somos víctimas de nadie".

"Ahora te daré un último regalo que no quiero que olvides nunca. Anótalo y repítelo muchas veces: lo que pienso y lo que siento generan mi realidad".

"Por lo tanto, esa BB te dice cómo pensar y sentir; ahí está la clave de una vida feliz".

"¿Quieres vivir una vida diferente a la de tus padres?, entonces ponte a trabajar en tu BB; sólo así pensarás y sentirás diferente y cambiarás tu historia, y tus hijos cambiarán la suya. Eso te llevará a tu completa libertad, a finalmente salirte de repetir la historia de tus ancestros".

"Ponte en ello ya".

"Me voy sintiendo más ligera, entonces subamos otro escalón".

"Vamos. Sigamos".

"Conforme vayas vaciando tu BB, tu vida será más fácil y ágil".

"¿Podría hacerte otra pregunta?".

"¿Tú dices que imitamos las emociones y comportamientos de los demás?".

"Así es. Tú no naciste así. Imagina que entraste a esta vida y te sientas en una obra de teatro; tú no sabes cómo se juega el juego en este planeta, entonces, para aprender, te pones a ver cómo actúan esa obra tus padres o educadores; observando, comienzas a aprender cómo moverte en el planeta. Te pasas los primeros años de tu vida mirando cómo juegan este juego tus padres, cómo son tus padres. No dudas en meter esa información como si fuera verídica en ti. No la cuestionas. Eras sólo una niña obediente obedeciendo a sus papás. Lo que ellos decían y actuaban era verdad. Eran tus padres. Nunca lo cuestionaste. Así transcurrieron tus primeros años: aprendiendo lo que veías en la obra de teatro y guardándolo en tu BB como si fuera la única verdad".

"Ahora ya entiendo la importancia de limpiar mi BB".

"¿Entonces los miedos que tengo no son mis miedos?".

"Correcto, buena alumna".

"¿Cómo me los quito?".

"Te ayudaré un poco".

"¿Cuáles eran los mayores miedos de tus padres?".

"Creo que el mayor miedo de ellos era el miedo a la muerte", contesté.

"Y hoy es uno de mis mayores miedos, pero, por lo que he ido comprendiendo, ese miedo no es mío, lo fui aprendiendo a sentir por copiarlos".

"Para quitarlo tienes que aprender a interpretarlo de otra manera".

"Siéntate y charlemos un poco sobre la muerte".

"Quiero que aprendas a interpretarla diferente de como te enseñaron".

"Estamos en constante evolución; a eso venimos al planeta, a evolucionar".

"¿Qué es evolucionar?".

"Para eso viviremos una serie de desafíos en esta experiencia llamada vida. Para evolucionar tendrás que aprender a interpretar cada desafío desde ti y no desde las enseñanzas de tu pasado".

"Cada desafío que interpretas de manera diferente de como te enseñaron te ayudará a evolucionar y ser mejor persona".

"Regresando al tema de la muerte, sería absurdo mantenernos en la misma aula con los mismos alumnos y compañeros estudiando lo mismo por miles de años".

"Para evolucionar hay que cambiar".

"La muerte es la que nos liberará de esta experiencia. Ahora puedes verla diferente. Es la que nos libera de este cuerpo para dejar de vivir lo mismo una y otra vez. La muerte es una amiga, una aliada. Es la que nos libera de seguir viviendo lo mismo".

"Cierto", asentí.

"Ahora la puedo ver maravillosa".

"La muerte sólo es un cambio de atención; es perfecta, es hermosa. Nos desestanca de lo mismo. Deberíamos agradecer su existencia. Sin ella todos viviríamos lo mismo, eternamente una misma experiencia".

"La muerte es un renacer a algo diferente".

"Podríamos llamarla "la Liberadora".

"Y sonreír cuando nos visite para salir, cambiar y renacer a una nueva experiencia".

"¿La puedes ver ahora de manera diferente?".

"Claro —contesté—. El miedo se fue.

"Vista de esa manera, el miedo a la muerte se va por completo".

"Para quitar el miedo de cualquier otra cosa, reinterpreta lo que te da miedo de manera diferente".

"Conocer la verdad es cuestionar todas las cosas que te dan miedo. Las verdades irán emergiendo conforme purifiques tu BB".

"Ahora me siento más en paz. El miedo disminuyó".

"Para tu siguiente práctica, haz una lista de todas las cosas que te dan miedo y también la práctica anterior. Aprende a interpretar todo de manera diferente".

"¿Me ayudarías con una más, por favor?".

"Claro, dímela".

"El miedo a la soledad".

"El miedo a la soledad es algo que también aprendiste. Tus papás se la vivían rodeados de personas buscando su aprobación una y otra vez con tal de no estar solos. Te enseñaron a aferrarte a todo y no soltar".

"Ahora siéntate y escucha nuevamente".

"Hay una ley espiritual por ahí, que es la que más me gusta porque es muy liberadora; es la ley del mentalismo. Esa ley dice que todo es un pensamiento, que todo tuvo que ser pensado para luego convertirse en materia. 'Lo pienso, lo imagino, lo siento y eventualmente se convertirá en algo tangible, en una realidad material'".

"'Eso significa que vivo en un universo mental en un mundo en donde TODO ES PENSAMIENTO. Nada se escapa de esa ley'".

"'Todo lo que veo alrededor es pensamiento'. Por lo tanto, si revisas tu vida, te darás cuenta de que con tu pensamiento y emoción fuiste construyendo todo lo que eventualmente viviste".

"Lo que no sabías y que hoy ya sabes es que tus pensamientos y tus emociones no son tuyos, son los pensamientos y emociones que te enseñaron".

"Regresando al tema de la soledad. Si todo es un pensamiento, pues tú y yo también somos un pensamiento. Debemos estar siendo pensados por alguien o algo".

"Siéntete y reflexiona sobre esto".

Después de unos minutos, me levanté feliz y contesté:

"Claro, estoy siendo pensada; no puede ser de otra manera. Si todo es pensamiento, yo también estoy siendo pensada".

"Correcto", contestó.

"Ahora tengo otra pegunta: ¿por quién o qué estoy siendo pensada?".

"Olvidémonos nuevamente de nombres. Le llamaremos simplemente "Gran Espíritu".

"Me gusta", comenté.

"Es sólo la manera en que llamaremos al creador de todo lo que es y existe".

"No le daremos nombres, porque se han generado guerras de la manera más absurda: gente pensando que su creador es mejor que otro".

"Todo es un mismo creador. Nada es mejor que nada".

"Todo es lo mismo, sólo un pensamiento, una idea divina; todo es pensado desde ahí".

"Tu cuerpo, tu vida, tus experiencias no son otra cosa que un pensamiento divino. Detente a meditar en esto".

Minutos más tarde exclamé, y entendí: "Mi cuerpo es un pensamiento divino pensado por esa gran mente".

"Eso significa que funciona perfectamente bien si tú no interfieres".

"¿Cómo interfiero?", pregunté.

"Con el contenido de tu BB".

"Si tú aprendes a habitar tu cuerpo sabiendo que tu cuerpo es un pensamiento divino, entonces tu cuerpo responderá de igual manera".

"Respondiendo a tu miedo de la soledad: cómo podrías estar solo, si estás siendo pensado todo el tiempo, si habitas y te mueves en esa mente perfecta".

"NUNCA ESTÁS SOLO. Siempre estarás rodeado de ese pensamiento divino. Existe en todas partes, en todo lo que ves a tu alrededor".

"La soledad es la idea más absurda".

"Lo entiendo mientras lo platico contigo, pero cómo puedo hacer esta idea realmente mía y vivir desde ahí".

"No podrás hacerlo mientras tu BB esté llena. Cuando esté limpia y pura, estas verdades serán tuyas inmediatamente sólo con reflexionar en ellas".

"Así como piensas en tus mentiras todo el tiempo, hasta creértelas y hacerla tu verdad, haz lo mismo con tus nuevas verdades: reflexiona una y otra vez hasta aprenderlas y hacerlas tuyas de esa manera".

“Claro —contesté—. Entonces el miedo de mis padres no era real”.

“Exacto —contestó el hombre mágico—. No buscaron la vedad, como tú lo estás haciendo ahora”.

“Aplica lo mismo para el miedo a la soledad: no buscaron la verdad. La única verdad es que nunca estamos solos”.

“Te repito: estamos siendo pensados por una mente divina y todo a tu alrededor está siendo pensado por esa mente divina”.

“¿Dónde está tu soledad? Nunca estás sola. Esa mente te rodea por todas partes. En cada paso que das a cada lugar que miras, siempre estás acompañado. La soledad es otra de las grandes mentiras que te contaron”.

“Adondequiera que vayas, la mente creadora estará ahí”.

“Si haces esto, tu nueva verdad, podrás soltar y dejar ir con facilidad”.

“Estás comprendiendo algo: este camino se trata de desaprender todo lo que te enseñaron, absolutamente todo y reaprender nuevas verdades”.

“¿Cómo lo hicimos? Con repeticiones, repitiendo lo mismo una y otra vez hasta que la hicimos nuestra verdad”.

“Haremos lo mismo para aprender otra forma de vida”.

“Te compartiré una práctica hermosa. Le llamaremos ‘Mi cuaderno de la verdad’”.

“Tómate el tiempo para ir a elegir un cuaderno nuevo hermoso que te inspire para traerlo todo el tiempo”.

“En este cuaderno, escribirás las nuevas verdades que has ido encontrando en todo tu proceso. Pondrás tu “cuaderno de la verdad” en tu mesita de noche y todas las noches antes de dormir leerás las verdades que has ido encontrando. Harás lo mismo por la mañana con respiraciones profundas”.

“¿Por qué hacemos esto?”, pregunté.

“Porque el cuerpo está demasiado condicionado y tenderá a regresar a las ideas de tu pasado”.

"Con esta práctica, reacondicionarás a tu cuerpo a sentir y pensar diferente".

"La clave está en convertir a tu cuerpo en tu nueva verdad".

"La práctica del cuaderno de la verdad te hará vivir desde la nueva verdad y dejar atrás tu pasado".

"Me senté y sonreí. Agradecí por estos grandes regalos que la vida me estaba dando, entonces contesté: 'El miedo es sólo una interpretación de experiencias de la vida de alguien más'".

"El que creo que es mi miedo es el miedo de alguien más".

Analizando un poco, me di cuenta de una gran verdad que me sacudió: ningún miedo era mío; todos estaban basados en las ideas que me contaron, una vida cargada de mentiras e ideas de los demás.

Con este pensamiento me quedé profundamente dormida.

A la mañana siguiente, el hombre mágico me despertó y me dijo:

"Sigamos al siguiente escalón".

"Sigo un poco cansada", contesté.

"Sí, pero ahora te será más fácil soltar después de nuestra charla de ayer. Para continuar, suelta a todos y todo".

"Te será más fácil si reflexionas sobre tu falso miedo a la soledad".

"Siéntate y charlemos un poco más".

"Ahora comprendes que la clave de una vida feliz son dos cosas importantes:

Soltar todo, no aferrarte a nada. Nada es para siempre: todo comienza y todo termina. Todas las relaciones tienen principio y fin. Ir soltando mientras avanzas en tu vida te ayudará a estar ligero y fluido. Reflexiona lo siguiente: ¿qué es lo primero que hiciste cuando entraste al planeta? Salir y soltar el vínculo con tu madre. ¿Qué es lo último que harás en el planeta? Soltar tu cuerpo físico. ¿Así o más claro? ¿Qué es lo que venimos a aprender en esta vida? SOLTAR".

"Recuerda, no soltamos por miedo a la soledad. Comprendiste que ese miedo es la gran mentira. Si integras tu nueva verdad, te será de gran facilidad soltar. Sólo recuerda y repite varias veces al día: 'No estoy solo'".

"Ya entendí la importancia de la práctica del cuaderno de la verdad. Gracias".

Soltar el control. El control es nuestro peor enemigo; es manejado por el ego. El ego es creer que nosotros sabemos mejor lo que nos conviene y lo que queremos vivir. Así lo pensábamos porque no teníamos el conocimiento de la ley del mentalismo. Hoy sabes que tu vida está siendo pensada y creada por una mente que está pensando tu vida por ti".

"Soltar el control es rendirte a esa mente y permitir que esa mente creadora cree tu vida por ti. Soltar el control es comenzar tu vida comprendiendo esta nueva verdad y entregando tu día y vida a esta gran mente sin cuestionar. Aprender a confiar en ella. Permitir que ella haga todo por ti".

"Espera. Espera. Pero esto va en contra de todo lo que me enseñaron. Mis padres eran los reyes del control y planeación, querían que todo fuera y ocurriera como ellos lo deseaban".

"Lo comprendo, pero ellos no habían purificado su BB ni tenían el conocimiento de esta mente creadora. Llevaron vidas llenas de esfuerzo y miedo. Purificar tu BB te da la oportunidad de comprender las verdades que te darán una vida más serena: entregarte y confiar en que esta mente creadora está pensando tu vida por ti y descansar en ella".

"Sigamos al siguiente escalón".

"Todavía me siento un poco cansada".

"Siéntate", me indicó.

"¿Recuerdas nuestra charla de ayer? Platicamos que todo era un pensamiento divino".

"Todas las personas también son un pensamiento divino. No hay nada malo en ellas: son perfectas, son lo mismo que tú, un pensamiento divino de la mente creadora".

"Si aprendes a ver a las personas de esta manera, tu juicio hacia ellas cambiará completamente".

Sonreí y exclamé: "Soy un pensamiento divino igual que tú; somos lo mismo. Juzgarlos a ellos sería juzgarme a mí o juzgar a la mente que los está pensando".

Sonreí y contesté: "De esta manera mi juicio hacia los demás se desvanece por completo".

"Exactamente", contestó el hombre mágico.

"Tu interpretación sobre la vida está comenzando a cambiar".

"¿Te das cuenta?".

"Te hablaré de otra ley maravillosa: por favor, nunca olvides lo que te voy a decir: 'TODO LO QUE SALE REGRESA'".

"Eso significa que todo lo que piensas de los demás eventualmente regresará a ti".

"Si aprendes a ver la parte lumínica de cada persona en tu vida, tú te irás convirtiendo en eso".

"Siéntate. Te dejaré una nueva práctica. Haz una lista de todas las personas que has ido conociendo en tu vida. No dejes a nadie afuera. Ponlas frente a ti y pregúntate: '¿Qué me platicó sobre ti?'".

"Intenta encontrar la parte fabulosa de esa persona hasta que puedas verla sólo de manera positiva".

"¿Por qué quieres que haga esto de personas que ya ni forman parte de mi vida?".

"Porque tu mente se habituó a ver sólo la parte negativa; con este ejercicio condicionaremos a tu mente a ver lo positivo en todo".

"Haz lo mismo con todos los eventos de tu vida".

"Espera, no todos fueron positivos".

"Aprenderás a interpretarlos de manera diferente y encontrar lo positivo en ellos. Como te enseñé. De esa manera, encontrarás perfección en ellos".

"Si haces esta práctica con todos los eventos y con todas las personas de tu vida, reeducarás a tu mente a ver únicamente lo bueno de la vida".

"Es una práctica fantástica, no dejes de hacerla".

"Si todo lo que sale regresa y aprendo a ver la luz en todo, entonces me regresará más de lo mismo, y mi vida se comenzará a llenar de milagros". ¡Bingo!

"¿Te das cuenta de que tú eres la única que puede parar la absurda repetición de los eventos de tus padres y ancestros, viéndolos y por lo tanto sintiendo por ellos de diferente manera?".

"A eso se le llama "salir del círculo karmático".

"Finalmente entendí lo que es el karma".

"Te escucho", me dijo.

"El ciclo karmático es la repetición de las historietas de nuestros padres o ancestros, generada por creer y sentir lo mismo. La manera de transmutar la historia es solamente cambiando lo que creo y por lo tanto lo que siento de los diferentes eventos de la vida. La repetición se logra porque creemos y sentimos lo mismo que ellos".

"Ahora contéstame: ¿entendiste bien lo que es el karma? ¿Cómo sales de él?".

"Cuando interpretemos la vida de diferentes maneras de como lo hacían nuestros padres".

"Buen aprendiz —contestó—. Ahí está tu verdadero poder. Tú puedes decidir qué puedes SENTIR ante cada desafío que se te presente en la vida. Siempre podrás encontrar una emoción positiva por más difícil que esta sea, si has hecho tú práctica correctamente".

"Te completo —me dijo—. El KARMA no es algo que generaron mis antepasados, no estoy atrapado en él. Es algo que genero yo con mi respuestas absurdas y exageradas ante los eventos".

"Deja de culparlos a ellos; tú tienes el poder si gobiernas tus emociones y tus respuestas".

"Gobierna la manera en que respondes ante lo eventos de tu vida y dejarás toda tu historia personal atrás".

"Tú tienes el poder de cambiar el resultado y el futuro de tu vida. Pero no podrás hacerlo hasta que no hagas las prácticas anteriormente descritas".

"Despierta, es momento de movernos al último escalón; este último escalón es tuyo. Fíjate qué belleza, ES TUYO, ya no es de lo que te dijeron los demás".

"¡Me doy cuenta de que estoy agotada de hacer lo que los demás quieren. Vivir el sueño de los demás es agotante, pero es la única manera que conozco de vivir".

"¡¡No!! —me dijo el hombre mágico con fuerza y amor—, pero sólo puedes vivirla si dejaste completamente las ideas, creencias y comportamientos de los demás, todo eso que hiciste para agradarles, para ser importante para ellos. ¿Y qué crees? No te resultó".

"Hoy comprendo", contesté.

"Vivir conforme a sus ideas y sueños es vivir como un niño toda la vida".

"Exacto", apuntó.

"Todos quieren seguir siendo niñitos toda la vida, a los que les digan qué hacer, qué no hacer y cómo hacer la cosas. No quieren tomar el comando de sus vidas en sus manos. No quieren convertirse en adultos responsables".

"Sólo un adulto puede llegar hasta la cima y comenzar una vida nueva. Demos un paso atrás, regresemos a lo que estábamos platicando: este escalón se trata de ti. Revisa o recapitula tu vida, y observa los momentos difíciles que has tenido y date cuenta ~~de~~ qué emociones estabas generando; hazlo despacio y no te saltes ningún evento, revísalo detalladamente: 'qué estaba sintiendo', 'qué me estaba platicando', 'a cuánta gente se lo platiqué', 'durante cuánto tiempo mantuve esa emoción negativa', 'qué la detonó'. Escríbelo".

Horas más tarde, el hombre mágico se acerca a mí, lo miro y le digo:

"Qué razón tenías, mis padres no fueron los responsables, solamente yo fui la responsable; mantuve pensamientos y emociones negativas durante el suficiente tiempo para generar algunos desastres en mi vida. Me sentía víctima y lo platicaba una y otra vez".

"He revisado y recapitulado toda mi vida, y siempre fui YO la creadora de mis momentos más oscuros, siempre culpando a los otros de lo que me sucedía. Una de las cosas que aprendí es que en mi hogar me enseñaron a culpar a lo externo de lo que me sucedía. ¿Cómo puedo cambiarlo? pregunté.

"No se trata de cambiarlo —contestó el hombre mágico—, se trata de que aprendas a"darte cuenta", para poder parar a tiempo la siguiente vez: aprender a contener, dejar de estar contando tus problemas una y otra vez".

"La próxima vez recuerda: la emoción viene de un pensamiento; si cambio lo que pienso, cambio la emoción".

"Es muy simple —me dijo—. Tus padres lograron lo que sus padres les dijeron que tenían que lograr. ¿Cómo los viste al final de sus vidas? ¿Serenos, en paz, llenos de gozo, rebosando de vitalidad, salud y economía?".

"Claro que no", contesté.

"¿Entonces por qué quieres hacer lo que te dijeron si a ellos no les dio resultado?".

"Nos vemos más adelante", me dijo el hombre mágico.

Después de un largo camino y de pasar una larga temporada sola sin él, quitándome todo lo que no era mío, pero especialmente conociendo mis antiguas forma de reaccionar ante la vida, me sentí por primera vez en años en paz y ligera.

Es una sensación inexplicable y maravillosa, una comprensión absoluta de que en realidad nada importa y, sin embargo, lo único que importa en la vida es encontrar quién soy quitándome lo que no soy.

Fue como desandar mi vida completa e irme despojando de cosa por cosa: las emociones que creí mías, los sueños que creí míos y los deseos. Ahora finalmente comprendía que era absurdo pensar que yo sabía lo que quería.

Cómo lo iba a saber si no sabía quién era.

Sentí que este proceso había llevado una eternidad, pero no importa; con certeza, hoy puedo decir que ha valido la pena. Estaba trise de ver mi verdad de que en realidad nunca había vivido mi vida. Con ese gran entendimiento, sentí cómo un sueño hermoso me envolvía.

Dejé que mi cuerpo cayera en el césped y descansara. Entré en un profundo sueño. Y entonces ya no sabía si estaba despierta o soñando: parecía tan real. Estaba subiendo mi último escalón con una ligereza incxplicable.

Estaba ahí en un lugar desconocido. Todo se movía en un ritmo sutil, sublime y calmado. Algo me indicaba ingresar y seguir adelante, hasta que sentí una gran energía que me rodeaba abrazándome y me preguntaba en un lenguaje que no eran palabras: "¿Cómo estás?". Yo le contestaba: "Muy cansada", respondí sin palabras. "No te preocupes— respondió—. Descansa".

Sentía que mi cuerpo se soltaba, se desparramaba en esta gran presencia.

"Descansa —susurró—. La lucha terminó. Te guiaré a un lugar".

Me guio a la recámara más bella y confortable que jamás había visto, tenía frente a mí una enorme cama llena de hermosas almohadas que me invitaban a acostarme.

"Túmbate y descansa", murmuró.

Me acostó en el colchón que me envolvía y abrazaba. Sentía un amor indescriptible y una gran contención.

Por primera vez me sentía segura y en paz.

"¿Qué quieres?", me preguntó.

"En estos momentos, no quiero ni necesito nada", contesté.

Entonces comprendí que estando en este lugar ya tenía todo.

Horas después desperté renovada y con una gran vitalidad. Esa gran energía entró a mi habitación y me dijo:

"Sígueme".

Caminamos con ligereza en ese bello espacio y siguió:

"Te quiero enseñar algo. Acuéstate y asómate".

Me recosté en lo que parecía una suave y bella parcela.

"Asómate y mira hacia abajo".

Desde ahí podía ver a todas las personas que alguna vez había conocido. Podía verlos comenzando su día y su vida.

"¿Qué observas? —me preguntó—. ¿Cómo los ves?".

"Muertos de miedo", contesté.

"¿Y por qué tienen miedo?", indagué.

"Porque alguien los está asustando. Les dicen cosas, mentiras. Ellos no pueden ver que lo que les están diciendo no son verdades. Los están apanicando. Ellos están creyendo las mentiras. Están abrazados con fuerza unos a otros sin poder soltarse ni moverse. Creen que el no soltarse los va a salvar. No se están dando cuenta de que no está pasando nada, que el miedo está en su imaginación".

"Es momento de que regreses", me dijo.

"Antes de irme, quisiera preguntarte algo".

"¿Seguirás pensando y fabricando mi vida?".

"Claro que sí", contestó.

"Yo soy la mente creadora de todo lo que vive. En cada instante estoy pensando lo que vives y lo que percibes. Tú no tienes que hacer nada; deja que yo fabrique todo por ti, así de fácil y simple. No quieras regresar a lo de antes".

"Deja de pensar que tú sabes mejor que yo lo que es bueno para ti; eso es lo que te ha llevado a tanto dolor y sufrimiento. Una cosa antes de que te vayas: no olvides entregarme tu día y tus decisiones cada mañana. Deja de controlar. No te desconectes ni te olvides de este lugar. Entrégame tu día, y si algo no te gusta de lo que te sucede. Recuérdame. Respira, confía y repite: 'Esto también pasara'. Y así será".

"No temas, mientras comprendas que yo te pienso y pienso tu vida, tu miedo irá disminuyendo, y todo será perfecto".

"Antes de comenzar a descender, pregunté: '¿Cuándo podré regresar?'.

"Ya no preguntes —contestó—. Tú ya sabes la respuesta y el camino.

"Claro", agregué.

Comencé a bajar.

"¿Puedo llevar conmigo los tesoros que me diste?".

"Claro", asentó.

"¿Cómo le hago?, pesan demasiado".

"Tú ya sabes cómo hacerlo, sólo llénate de la emoción de tenerlos; llénate de la emoción de haberte convertido en esa persona próspera y saludable, y llévate estas emociones contigo. Actúa de acuerdo con esas emociones todo el tiempo".

Seguí bajando con un gran optimismo sin desconectarme de las emociones que sentía. Finalmente toqué la tierra y desperté. Me encontraba bajo la sombra de un bello árbol. Vi al hombre mágico sentarse cerca de mí y le pregunté:

"¿Qué me pasó?".

"Estabas teniendo un sueño lúcido", contestó.

"Pero fue muy real", respondí.

"Así son los sueños lúcidos. Son grandes regalos que suceden cuando has liberado una gran cantidad de energía estancada".

"Una última recomendación —dijo—: escribe todo lo vivido en ese sueño para integrarlo en tu vida diaria, sólo de esa manera todo este proceso habrá valido la pena. Esto no se trata de llegar a la cima, sino de integrar lo aprendido en tu vida diaria. No olvides que la clave está en el gobierno de tus emociones. Deja de creer en mentiras".

Me miró por última vez y avanzó hasta desparecer de mi vista.

Ahora estaba yo aquí sola, pero no sabía que nunca más estaría sola y que tenía esta gran cantidad de sabiduría para aplicar en mi vida diaria para de esa manera bajar lo que viví en la cima y llevarlo a mi vida en la Tierra. Vivir mi vida desde ahí, ese es el verdadero reto. ES COMO TRAER EL CIELO A LA TIERRA.

Para no olvidar, tenía que recordar todo lo aprendido todos los días de mi vida y conectarme con esas emociones perfectas y sublimes; sentirlas por todo mi cuerpo hasta convertirme en ellas. Y resultó...

Comprendí que lo importante no era subir la escalera, sino convertirme en lo vivido y aprendido: no regresar nunca más al antiguo yo.

No podía distraerme.

Debía estar alerta.

Mantenerme en el presente y en autoobservación.

Sólo así lo lograría.

• ● •

SEGUNDA PARTE

-

EL TESORO DIVINO

"¿Hay algo más que debas decirme antes de separarnos?", pregunté.

"Te enseñaré algunas cosas más de importancia. Siéntate y escucha".

"Cuando entraste a este viaje llamado vida, te fue entregado un regalo divino, una cantidad enorme de energía preciosa. Veámoslo de la siguiente manera. Imagínate que entraste con una pila cargada de esta energía divina. Tu trabajo es cuidar y administrar esta energía como un gran tesoro".

"Te fue otorgada la energía suficiente para poder mantener un entorno y un cuerpo equilibrado toda tu vida".

"Si administras bien esta energía, debería durarte hasta el último momento de tu vida".

"Eso significa que la clave de una vida maravillosa es ahorrar y cuidar de esa energía, porque con esa energía crearás tu vida".

"Espera. Espera. ¿Por qué nadie me habló de esto?", pregunté.

"Porque tus padres tampoco lo sabían", me respondió.

"Cuidar de esta energía es lo único que debieron enseñarnos en la niñez. Pero, como te has dado cuenta, nos enseñaron todo al revés. Te mostraré".

"Veámoslo como un tanquecito de energía que tiene que durar toda la vida: no puedes ir regándola por ahí".

"Porque, como te dije, con ese tanquecito se irá fabricando tu vida".

"Espera. Espera. Regresa. ¿Podrías explicarme eso más despacio?".

"Claro. Siéntate y escucha con atención".

"¿Recuerdas que platicamos que tus pensamientos y emociones generan tu realidad? Pues tus pensamientos no son otra cosa que energía divina".

"Cada cosa que ves afuera es creada con esa energía divina; todos han estado utilizándola siempre sin saberlo. La emoción también es lo mismo: energía divina, energía creadora. ¿Recuerdas que platicamos que tú también fuiste y estás siendo pensada?".

"Entonces yo también estoy hecha de lo mismo", contesté.

"Porque soy un pensamiento. Estoy creada de esa energía divina como todo lo que veo alrededor".

"Buena alumna", contestó.

"Siéntate y repite varias veces en silencio: 'Soy energía divina. Soy una creación divina'. Relájate y repite esto varias veces hasta hacerlo tu verdad. Repítelo varias veces al día, especialmente en cuanto te despiertes y antes de dormir".

"Soy energía y creación divina —repetí—. Todo está hecho de lo mismo, todo es lo mismo y será siempre lo mismo. Todas las personas con las que convivo son igual que yo, son energía divina; somos iguales, no hay diferencia entre unos y otros. Nadie y nada es mejor que nada".

"Si entiendes esta gran verdad, dejarás de compararte y competir con los demás: nadie es mejor que el otro".

"La competencia es uno de los grandes drenadores de energía".

"Es absurdo es estar compitiendo con algo que es lo mismo que yo: solamente energía".

"La energía es la fuerza vital que mueve tu cuerpo y tu vida; de ahí la importancia de cuidarla. Te enseñaré qué la drena".

"Por eso, la importancia de manejar bien tus emociones y no estacionarte durante largo tiempo en un desafío, para no drenarla".

"Los órganos funcionan con energía. La riqueza se atrae con energía. No la tires. No la desperdicies. Ante cada evento de tu vida, pregúntate. La clave para cuidarla es hacer una PAUSA antes de tomar cualquier decisión. Previo a cualquier evento, detente y cuestiónate: '¿Cuánta energía voy a invertir? ¿Vale la pena?'. Hacer una pausa es tu mejor aliado para cuidar tu energía divina".

"Ahora te explicaré algo muy importante: las emociones negativas son drenadores de energía".

"Platicaremos de algunas de ellas. Para comprender lo que te estoy diciendo, deberás tener mucha energía, deberás leer esto cuantas veces sea necesario, y mientras más energía tengas, más claro será para ti. Sigamos adelante".

"Escucha con atención: La clave está en cómo reaccionas ante los eventos de la vida. Siempre hay dos maneras de interpretarlos: como un regalo para tu evolución o desde el drama y el lado víctima".

"Si lo interpretas desde la perfección y la sabiduría, energía divina será liberada de tu cuerpo y tendrás un regalo: te sentirás fortalecido y feliz. Si lo interpretas desde el drama y parte víctima, te sentirás agotado y desmotivado".

"Una persona empoderada es aquella que no se deja llevar por el drama ni el dolor exagerado en los eventos de su vida. No tiene emociones desbordadas, ha aprendido a interpretar desde la luz, no desde la oscuridad".

"¿Cómo le hago?", cuestioné.

"Cuando algo que no te gusta sucede en tu vida, no respondas con impulsividad, haz una pausa y detente como si fuera una película. Conviértete en un observador. Sólo contémplala a la distancia. Deja que el evento pase frente a ti como una película y no reacciones con impulsividad. Escribe y ve respondiendo con sabiduría".

"Si has hecho toda la práctica de la BB que te indiqué cuando nos conocimos, entonces te darás cuenta de que es absurdo responder con dolor".

"¿Quién te enseñó a responder así? Síhas desaprendido lo que te enseñaron, entonces tu respuesta será diferente; será serena y sabia. Entonces tus desafíos se convertirán en grandes regalos. Te percatarás de que no hay nada malo en ellos, son oportunidades para gobernar tus emociones y de esa manera empoderarte, liberar energía divina y aprender a gobernar tu vida y tus emociones".

"¡Un gran regalo!".

"Sigamos al siguiente drenador de energía".

"La importancia personal".

"¿Qué es eso?".

"El querer ser importante para los demás y pensar que todo el mundo gira alrededor de ti", respondió.

"Pero todos queremos ser importantes", acoté.

"Eso no significa que esté bien", puntualizó el hombre mágico.

"Eso también es algo que te enseñaron".

"¿Cómo lo dejo de hacer?".

"Comprendiendo dónde comenzó".

"Escucha: Eso nace en la infancia, cuando eres un niño y aún necesitas de tus padres para que te cuiden y te nutran".

"En esos momentos, empieza a desarrollarse esta necesidad de querer ser importante y visto por ellos, como si de eso dependiera tu supervivencia. Porque, como ya te dije, ellos te cuidan y te nutren. Entonces pasas varias etapas de tu infancia diciendo: 'Papá, mírame'. 'Mamá, quiero ser importante para ti'. 'Mamá, papá, quiero ser tu preferido'. 'Quiero ser único y lo más importante. Si no lo soy, llamaré tu atención con enfermedades o berrinches. Si me funcionan, volveré este comportamiento una forma de vida para ser importante para todas las personas que voy conociendo en la vida'".

"¿Es por eso por lo que mucha gente se enferma para llamar la atención? —pregunté—. ¿Para ser vista e importante?".

"Exactamente" —contestó—. Ya comprendes ahora lo importante que es dejar atrás la importancia personal: enferma y drena".

"¿Cómo dejamos de hacerlo?".

"Asimila ya no eres ese niño que necesita que lo cuiden y lo nutran. Ya eres un adulto".

"Seguimos actuando como niños atrapados en un cuerpo de adultos. ¡Date cuenta! Ya no eres ese niño. Ya no existe. Fuiste, pero en el presente ya no eres; tu infancia se quedó atrás, ya suéltala".

"¡Despídete de ese niño y de su comportamiento hoy! ¡Ya! Déjate de drenar".

"Siguiente drenador".

"El siguiente son las emociones exageradas".

"¿Quién me enseñó a exagerar?".

"Recapitula tu vida y observa cuál de tus educadores exageraba todo el tiempo".

"Ya lo vi; era mi mamá".

"Entonces regrésale ese comportamiento a tu mamá mientras repites: 'Eso no es mío'".

"Sigamos con el siguiente drenador".

"El miedo es un gran drenador".

"El miedo se exagera por lo que te platicas, por tu diálogo interno, por tu ruido mental".

"Cuando sientas mucho miedo y ansiedad, toma una pluma y escribe: '¿Qué me estoy platicando?'".

"Si has hecho la práctica de la BB, te darás cuenta de que tus miedos son infundados, que todo lo que te platicas es el contenido de la BB. Por lo tanto, trabajar en ella disminuirá tu ruido mental y te regalará grandes momentos de silencio y equilibrio".

"Verás que no es tuyo nuevamente, que tienes miedo por lo que alguien te contó. Cuando lo escribas, te darás cuenta de lo absurdo que es, que quizá estás teniendo miedo de algo que hoy no está ocurriendo, son miedos a un futuro que tal vez nunca ocurrirá".

"Repite con fuerza: 'Esto no me está ocurriendo hoy'".

"De esta manera, el miedo se desintegrará".

"Esta práctica la tendrás que hacer varias veces hasta que gobiernes el diálogo interno. Repite: 'Esto no está sucediendo ahora', y el ruido disminuirá. Irás gobernando tu diálogo interno y ganarás poder sobre él. E irás recuperando mucha energía divina. Te sentirás fuerte y vital. Te darás cuenta de que vale mucho la pena hacer esta práctica porque trae grandes regalos".

"Sólo lograrás esto con una gran dedicación, disciplina y práctica. Vale la pena".

"Irás encontrando la paz cada día más y más".

"Lo haré", contesté.

"El ruido interior cansa y drena. Esa plática es tan absurda; está basada en puras mentiras, en cosas que hoy no están ocurriendo".

"Sí tienes razón —contesté—; es horrible. Genera insomnio, desgaste y cansancio".

"¿Alguna otra recomendación para lograrlo?", pregunté.

"Te daré una práctica muy efectiva".

"Todas las noches antes de dormir, toma tu cuaderno y comienza a escribir todo lo que te platicaste desde el momento en que despertaste hasta antes de dormir. Absolutamente todo".

"Comienza a observar las mentiras que te cuentas. Si haces esta práctica, entenderás algo: todos los días te platicas lo mismo. Y si tu plática interna genera tu realidad y todos los días te platicas lo mismo, todos tus días serán iguales".

"¿Ahora entiendes por qué tu vida nunca cambia y por qué tus padres vivían lo mismo una y otra vez? Porque se platicaban lo mismo todos los días".

"La manera de tener una vida diferente a las de tus padres es cambiando lo que te platicas. Y esto sólo podrás hacerlo si haces la práctica anterior".

"Escribe todas las noches; de esa manera, estarás más consciente y alerta de lo que te platicas en el transcurso del día".

"Sólo dándote cuenta podrás cambiarlo".

"Mientras más limpies las creencias y memorias de tu pasado, más podrás gobernar lo que te platicas en el día".

"Porque, como ya te diste cuenta, lo que te platicas son memorias de tu pasado y las ideas de tus padres".

"Vas entendiendo la importancia de hacer la práctica que te di cuando nos conocimos de purificar la BB".

"Recuerda esto siempre: Tu diálogo interno es tuyo. Tú te lo platicas, por lo tanto sólo tú lo puedes cambiar. Ahí está tu poder".

"Recuerda: Lo que te platicas no es tuyo. Ese ruido que escuchas es la repetición de lo que alguien más te dijo".

"Tú y solamente tú puedes cambiar tu diálogo interno; nadie lo puede hacer por ti".

"Si comprendes esto, comprenderás que no puedes rescatar a nadie. Y esto me lleva al siguiente drenador".

"La adicción a cargar y cuidar a las personas".

"Podrías parar ahí: '¿Por qué yo soy así? Siempre estoy cuidando y protegiendo a todo mundo'".

"Y tienes razón, siempre estoy cansada y agotada. No tengo energía para hacer casi nada. ¿Cómo lo puedo dejar de hacer?".

"Otra vez, conociéndote. Eso también comenzó en tu infancia. Cuando eras niño, en algún momento viste a tus padres enfermos o muy preocupados, así nace una necesidad en ti para protegerlos y que nos les pase nada".

"Y entonces comienza lo que yo llamo 'inversión de roles' por ciertas circunstancias de la infancia".

"Me da miedo que les pase algo a mis padres, entonces yo comienzo a protegerlos".

"Esto sucede mucho cuando hubo alcoholismo en la infancia o enfermedad en los padres, o eres el hijo mayor y te piden que cuides a tus hermanos".

"O aprendiste de tus padres porque viste que ellos también lo hacían".

"Cuando tienes este patrón de comportamiento, literal pasas tu vida buscando a quién cuidar y a quién solucionarle cosas".

"Eso te drena porque te sientes pesado y cansado todos los días, como si cargaras al mundo entero. Tu espalda y tus hombros se contracturarán y tu presión funciona de manera incorrecta".

"Lo peor es que acabas convenciéndote de que eres una buena persona porque quieres ayudar, y no te das cuenta de que es un hábito aprendido en la infancia y que estás evitando que los demás crezcan, se desarrollen y sean adultos responsables".

"Conforme vas soltando, la energía divina regresa a tu cuerpo, porque, para poder cuidarlos, tomarás un poco de la energía de tu tanquecito: por cada persona y evento que quieras solucionar, hasta que te quedas sin energía. Al final sabrás que por darles todo a los demás te dejaste de mirar a ti misma".

"Suena fácil —contesté—, pero llevo haciéndolo toda la vida. ¿Habrá alguna otra manera para dejarlo de hacer?".

"Sí", contestó.

"Pregúntate: '¿Cuál es mi ganancia secundaria?'. '¿Por qué lo hago?'. '¿Qué gano a cambio de hacerlo?'. La respuesta será simple: no estar solo y querer ser importante para los demás".

"La última ya la analizamos. El miedo a la soledad es absurdo, también lo platicamos. Nunca estás solo, porque habitas en la mente divina".

"Despierta. Ya te diste cuenta de que no ganas nada cargando a la gente y pierdes mucho".

"Para recuperar la energía que has invertido en este absurdo comportamiento, haz la siguiente práctica".

"Toma una pluma y escribe".

"'¿Cuándo comencé a cargar? ¿Cuándo fue la primera vez que cargué a alguien? Haz una lista de las personas que has cargado en toda tu vida y ponlas mentalmente frente a ti. Míralas a los ojos y di: 'Te dejo de cargar'. Inhala y exhala profundamente mientras liberas energía de tus hombros. Hazlo uno a uno y te asombrarás con lo que sucede en tu cuerpo".

"Pero esto me llevará un largo tiempo", respondí.

"Te diré algo para que te animes a hacer esta práctica".

"Platicamos que tú te estás comunicando con tus actos todo el tiempo con el campo de creación, que este obedece a tus pensamientos, emociones y tus actos".

"¿Qué le estás diciendo al campo cuando te dedicas a cargar a todo el mundo? Le dices: 'Yo cargo', o sea, 'yo doy', no 'yo recibo'".

"En este actuar, está uno de los mayores bloqueos de la abundancia y la riqueza. La gente que carga no está abierta a recibir, por lo tanto, su abundancia se bloqueará".

"Haz la práctica. Suelta a todos. Sal a un jardín. Abre tus brazos y exclama con fuerza y emoción: 'Universo, a partir de hoy me abro a recibir'. Y sonríe".

"El último drenador de energía, y quizás uno de los más importantes, porque trae consecuencias fuertes a tu vida, es la actitud víctima".

"Estamos en actitud víctima cuando culpamos a alguien de lo que nos pasa".

"Cuando tú culpas a alguien de lo que te está sucediendo, entras en actitud víctima; tu energía empezará a fugarse de manera muy rápida porque pierdes poder personal".

"Nada ni nadie es responsable de lo que te sucede".

"¿Has entendido que, con tus emociones, pensamientos y plática interna se genera tu vida? ¿Entonces quién es el único responsable de lo que te pasa?".

"Pues solamente yo", contesté.

"Cuando responsabilizas a otro de lo que te sucede, estás perdiendo la gran oportunidad de cambiar ese evento. Sólo podría cambiarlo quien lo hizo. La víctima culpa a alguien más.

Cuando tú te responsabilizas, puedes decir: 'Yo lo hice. Yo lo creé. Yo lo puedo cambiar'".

"De ahí que la emoción víctima es una de las más destructivas que hay, porque no tendrás el poder de cambiarla: tú le estás dando el poder a alguien más y diciendo una y otra vez: 'Pobrecita de mí'. Esos actos te traerán más carencia. No olvides: Te estás comunicando en el campo con tus actos, y en este actuar estarás mandando esta información al campo 'pobrecito de mí' y te vendrá más pobreza".

"No te olvides de la gran ley: Todo lo que sale regresa".

"De ahí que si quieres una vida rica y abundante, deja de actuar esta emoción definitivamente".

"Suelta tus padres y actúa ya. Deja de aferrarte a un pasado que ya no existe. Avanza al futuro convirtiéndote en la nueva versión que quieres ser; sólo de esa manera dejarás la vida de tus padres y el círculo karmático atrás".

"No malinterpretes mis palabras: no es dejarlos de ver, es dejar de sentir y actuar como ellos".

"¿Quieres una vida diferente?".

"Actúa, piensa y siente diferente a ellos".

"¿Hay alguna manera de recuperar energía que ya drené y tiré?".

"Claro. Te daré una gran práctica, pero sólo de ti, tu disciplina y constancia dependerá el resultado".

"He dedicado gran parte de mi vida a recuperar esa energía", me dijo.

"Siéntate en un lugar tranquilo. Respira profundamente y ve recorriendo toda tu vida. Pásala como si fuera una película, sin juzgar, sólo observa y date cuenta de que los momentos en los que drenaste más energía normalmente serán los eventos que has considerado los más difíciles".

"Pon cada evento frente a ti y, con inhalaciones profundas, aspira esa energía hacia ti, con un comando simple. Mientras la inhalas repite en silencio: 'Energía de… (di tu nombre), regresa a mí'".

"Hazlo de esa manera con toda tu vida. Incluso podrías ir a lugares o casas donde dejaste tu energía. Recorre cada lugar y reclama tu energía de regreso".

"¿Cuánto tiempo me llevará esto?", pregunté.

"Ya te dije. He dedicado una buena parte de mi vida a recoger energía. ¿Qué podría ser más importante que eso?", contestó.

"Otra recomendación: Añade a tu práctica nocturna de revisar tu diálogo interno el recuperar la energía que has drenado durante el día; eso te ayudará de dos maneras: todos los días estarás mucho más atento de lo que te platicas y sabrás en lo que inviertes tu energía".

"Última cosa", me dijo.

"Si condicionaste tu cuerpo con reacciones y emociones repetitivas, tendrás que reacondicionarte de la misma manera".

"Por lo tanto, no es algo que practicarás una vez. Será una nueva forma de vida".

"Suena un poco difícil, ¿no crees?".

"Piénsalo de esta forma: Lograste convertirte en lo que eres hoy por repetición, pensando y sintiendo lo mismo día tras día. Casi crees que eres eso".

"Pues te dio buen resultado".

"Ahora haz lo mismo en sentido contrario. Ya entiendes lo peligroso de exagerar las emociones y no saber detenerte a tiempo y actuar de manera impulsiva".

"Pues, bueno —contestó—, hemos terminado".

"A partir de hoy, sólo depende de ti".

Me puse de pie y lo abracé sintiendo un amor que no había sentido por nadie.

"Gracias", le susurré al oído. Cada uno tomó su camino.

Antes de comenzar a caminar, me dijo: "Ahora sabes que todo depende de ti. No te vuelvas a contaminar. No te contamines con ideas del colectivo ni las hagas tuyas".

•●•

RECORDATORIOS:

No olvides amar la vida cada instante sabiendo que la vida es un pensamiento de la mente creadora, por lo tanto, perfecta.

¡Ámala! Amarla es amar a la mente creadora.

No olvides que todo lo que ya viviste, si le metiste mucha emoción o lo exageraste, lo volverás a vivir.

Porque recuerda que todo lo que sale regresa. Por eso las cosas se repiten.

Detente y transmuta las emociones negativas en positivas lo más pronto posible.

NO CARGUES.

NO TE AFERRES.

NO TE DETENGAS.

Obsérvate y comprende que el soltar es una parte natural de la vida. Quien no suelta no podrá fluir en la vida.

Si sueltas, tu fluir será fácil y siempre para adelante.

Nunca olvides que el único responsable de lo que pasa en tu vida eres tú. No lo olvides.

No trates de cambiar lo que te pasa. Recuerda: Tu vida está siendo pensada.

CONFÍA. TODO ES PERFECTO PARA TI.

ACEPTA.

ADÁPTATE.

NO CONTROLES Y CONFÍA.

• ● •

FIN

• ● •

SABINAH
SABINAH

Made in the USA
Columbia, SC
11 November 2024